AF205141

Impressum
Verlag: BABADADA GmbH, Nedderfeld 112 , 22529 Hamburg
Geschäftsführer / Verlagsleitung: Harald Hof
Druck: Books on Demand GmbH, In de Tarpen 42, 22848 Norderstedt

Imprint
Publisher: BABADADA GmbH, Nedderfeld 112 , 22529 Hamburg, Germany
Managing Director / Publishing direction: Harald Hof
Print: Books on Demand GmbH, In de Tarpen 42, 22848 Norderstedt, Germany

школа
School

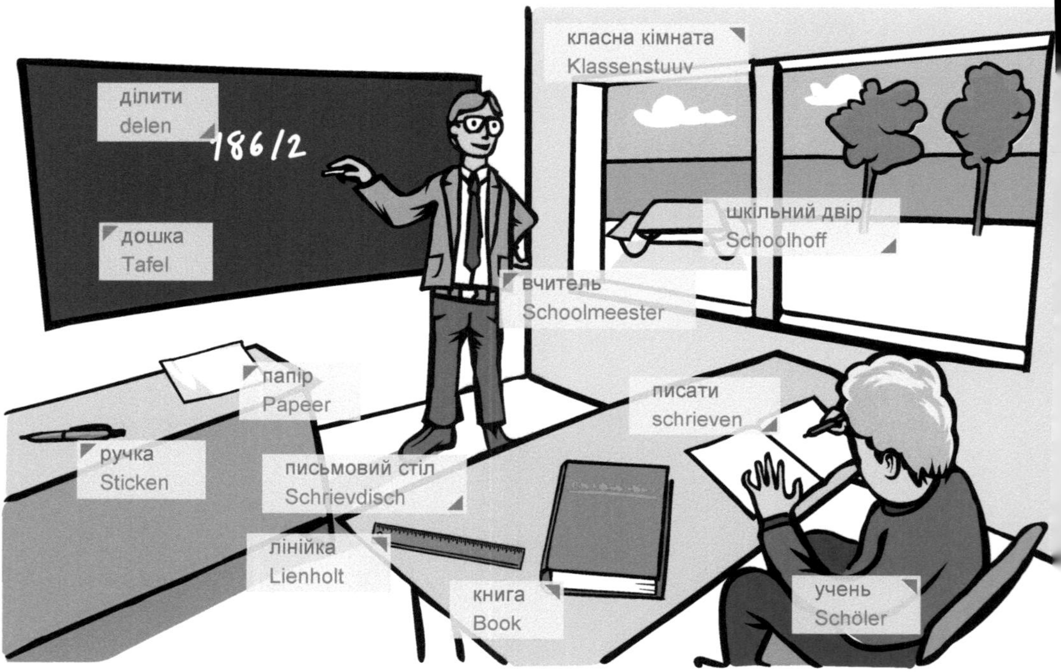
класна кімната
Klassenstuuv
ділити
delen
186/2
дошка
Tafel
шкільний двір
Schoolhoff
вчитель
Schoolmeester
папір
Papeer
писати
schrieven
ручка
Sticken
письмовий стіл
Schrievdisch
лінійка
Lienholt
книга
Book
учень
Schöler

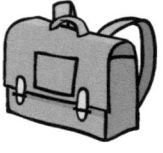

ранець

Ranzel

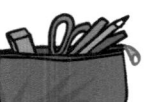

пенал

Feddermapp

олівець

Bleesticken

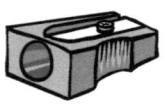

точило

Scharpmaker

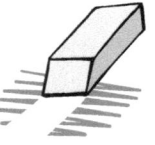

гумка

Radeergummi

альбом для малювання

Tekenblock

малюнок

Teken

пензель

Pinsel

коробка фарб

Malkassen

ножиці

Scheer

клей

Klever

зошит

Heft to'n Öven

домашнє завдання

Huusopgaav

число

Tall

додавати

tohooptellen

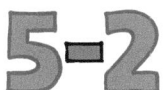

віднімати

aftrecken

множити

malnehmen

рахувати

reken

літера

Bookstaav

абетка

ABC

слово

Woort

текст

Text

читати

lesen

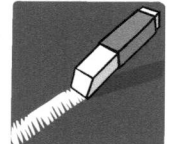

крейда

Kried

година

Stunn

класний журнал

Klassenbook

екзамен

Pröven

диплом

Tüügnis

шкільна форма

Schooluniform

освіта

Utbillen

лексикон

Nakieksel

університет

Universität

мікроскоп

Mikroskop

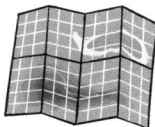

карта

Koort

кошик для паперу

Papeerkorf

подорож
Törn

готель
Hotel
Grand
турбаза
Harbarg
ROOMS
обмінний пункт
Wesselstuuv
EXCHANGE
валіза
Kuffer
автомобіль
Auto

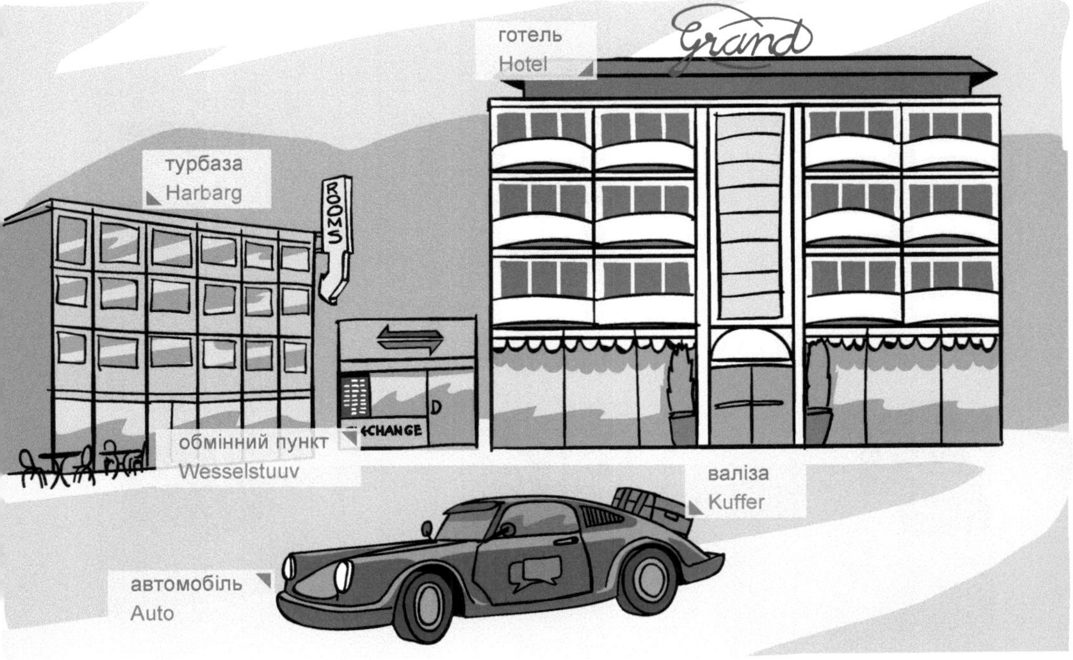

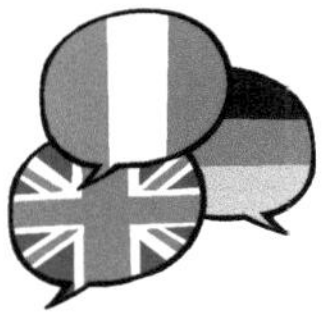

мова
Spraak

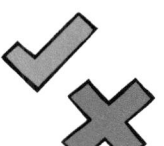

так / ні
jo / ne

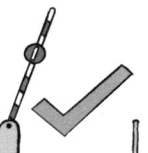

добре
Jo

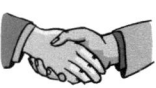

привіт
Moin

перекладач
Översetter

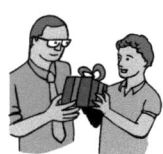

дякую
Dank ok

Скільки коштує ...?

Wat kost...?

Я не розумію

Ik verstah nich

проблема

Problem

Добрий вечір!

Goden Avend

Доброго ранку!

Moin!

На добраніч!

Gode Nacht!

До побачення

Tschüüs

напрямок

Richt

багаж

Bagaasch

сумка

Tasch

рюкзак

Rüchsack

гість

Gast

кімната

Stuuv

спальний мішок

Slaapsack

намет

Telt

туристична інформація

Touristeninformatschoon

пляж

Strand

кредитна картка

Kreditkoort

сніданок

Fröhstück

обід

Meddageten

вечеря

Avendeten

квиток

Fohrkort

ліфт

Fohrstohl

поштова марка

Breefmark

межа

Grenz

митниця

Toll

посольство

Bottschop

віза

Visum

паспорт

Pass

транспорт
Transport

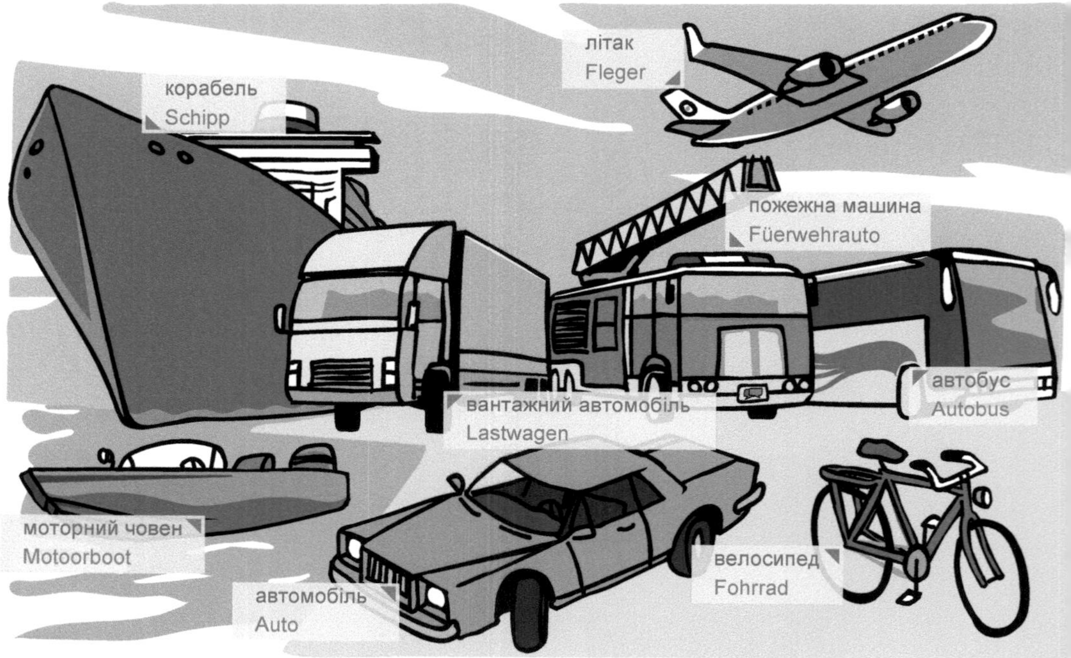

літак
Fleger
корабель
Schipp
пожежна машина
Füerwehrauto
автобус
Autobus
вантажний автомобіль
Lastwagen
моторний човен
Motoorboot
велосипед
Fohrrad
автомобіль
Auto

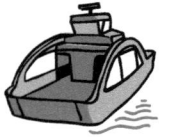

пором

Fähr

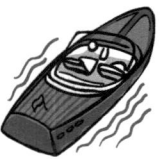

човен

Boot

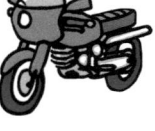

мотоцикл

Motoorrad

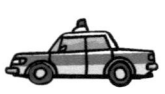

поліцейська машина

Polizeiauto

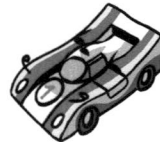

гоночний автомобіль

Rönnauto

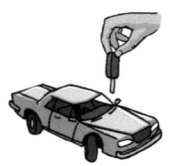

автомобіль на прокат

Lehnwagen

спільне користування авто

Carsharing

евакуатор

Afsleepwagen

сміттєвоз

Müllauto

двигун

Motoor

паливо

Kraftstoff

автозаправна станція

Tanksteed

дорожній знак

Verkehrsschild

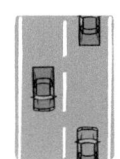

рух

Verkehr

затор

Stau

стоянка

Afstellplatz

вокзал

Bahnhoff

рейки

Sporen

потяг

Tog

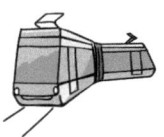

трамвай

Stratenbahn

вагон

Wagon

гелікоптер

Dwarsmöhl

аеропорт

Flooghaven

вежа

Tower

пасажир

Fohrgast

контейнер

Grootkist

коробка

Karton

візок

Koor

кошик

Korf

стартувати / приземлятися

starten / lannen

місто
Stadt

село

Dörp

центр міста

Binnenstadt

дім

Huus

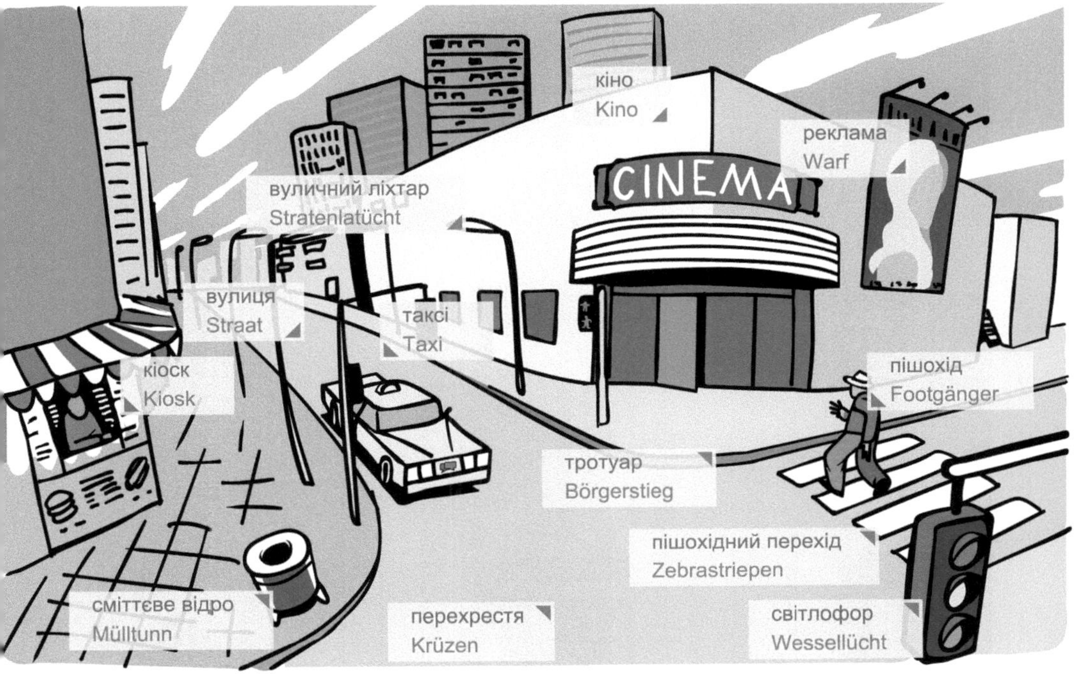

кіно
Kino

реклама
Warf

вуличний ліхтар
Stratenlatücht

CINEMA

вулиця
Straat

таксі
Taxi

кіоск
Kiosk

пішохід
Footgänger

тротуар
Börgerstieg

пішохідний перехід
Zebrastriepen

сміттєве відро
Mülltunn

перехрестя
Krüzen

світлофор
Wessellücht

хатина

Hütt

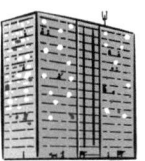

квартира

Wahnung

вокзал

Bahnhoff

ратуша

Raathuus

музей

Museum

школа

School

університет

Universität

банк

Bank

лікарня

Krankenhuus

готель

Hotel

аптека

Afteek

офіс

Büro

книжковий магазин

Bookhökerie

магазин

Hökerie

квітковий магазин

Blomenhökerie

супермаркет

Supermarkt

ринок

Markt

універмаг

Koophuus

торговець рибою

Fischhökerie

торговельний центр

Inkoopszentrum

гавань

Haven

місто - Stadt

парк

Parkanlaag

лава

Bank

міст

Brüch

сходи

Trepp

метро

Ünnergrundbahn

тунель

Tunnel

автобусна зупинка

Busstoppsteec

бар

Bar

ресторан

Spieslokal

поштова скринька

Breefkassen

вулична табличка

Stratenschild

лічильник паркування

Parkklock

зоопарк

Deertenpark

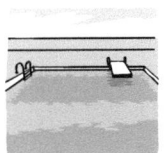

басейн

Baadanstalt

мечеть

Moschee

ферма

Buernhoff

забруднення
навколишнього
середовища
Ümweltversmudden

кладовище

Karkhoff

церква

Kark

дитячий майданчик

Speelplatz

храм

Tempel

ландшафт

Landschop

листок
Blatt

вказівний стовп
Wiespahl

шлях
Weg

луг
Wisch

камінь
Steen

дерево
Boom

мандрівник
Wannerer

річка
Fluss

трава
Gras

квітка
Bloom

долина

Daal

гора

Barg

озеро

See

ліс

Holt

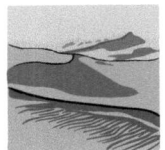

пустеля

Wööst

вулкан

Füerspien Barg

замок

Slott

веселка

Regenbagen

гриб

Poggenstohl

пальма

Palm

комар

Steekmück

муха

Fleeg

мурашка

Miegeemk

бджола

Imm

павук

Spinn

ландшафт - Landschop

жук

Sebber

жаба

Pogg

вивірка

Katteker

їжак

Swienegel

заєць

Haas

сова

Uul

птах

Vagel

лебідь

Swaan

кабан

Wildswien

олень

Hirsch

лось

Elk

гребля

Staudamm

вітряк

Windrad

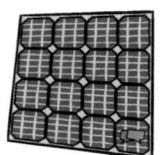

сонячний модуль

Solarmodul

клімат

Klima

ресторан
Spieslokal

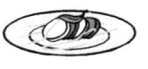

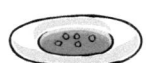

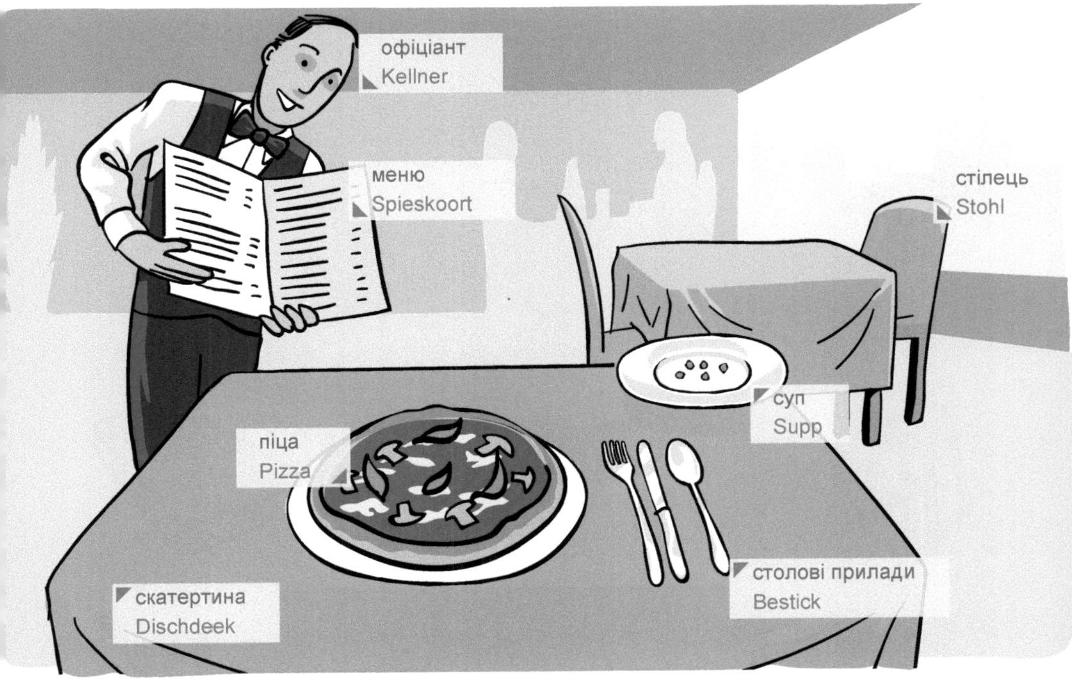

офіціант
Kellner
меню
Spieskoort
стілець
Stohl
суп
Supp
піца
Pizza
столові прилади
Bestick
скатертина
Dischdeek

закуска

Vörspies

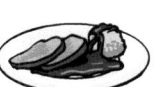

друга страва

Haupteten

десерт

Nadisch

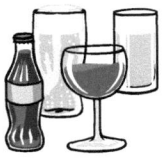

напої

Drünk

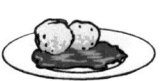

їжа

Eten

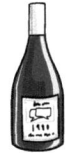

пляшка

Buddel

фаст-фуд

Fastfood

вулична їжа

Strateneten

чайник

Teekann

цукорниця

Zuckerdoos

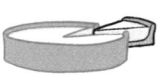

порція

Portschoon

еспресо-машина

Espressomaschien

високий стільчик

Hoochstohl

рахунок

Reken

піднос

Tablett

ніж

Mess

вилка

Gavel

ложка

Lepel

чайна ложка

Teelepel

серветка

Munddook

склянка

Glas

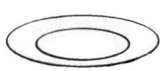

тарілка

Töller

тарілка для супу

Suppentöller

блюдце

Ünnertass

соус

Sooß

солонка

Soltstreuer

млин для перцю

Pepermöhl

оцет

Etig

масло

Ööl

спеції

Krüder

кетчуп

Ketchup

гірчиця

Mostrich

майонез

Mayonnaise

супермаркет
Supermarkt

пропозиція
Anbott
клієнт
Kunn
молочні продукти
Melkprodukten
фрукти
Aaft
візок для покупок
Inkoopswagen
FOR

BUTCHERS

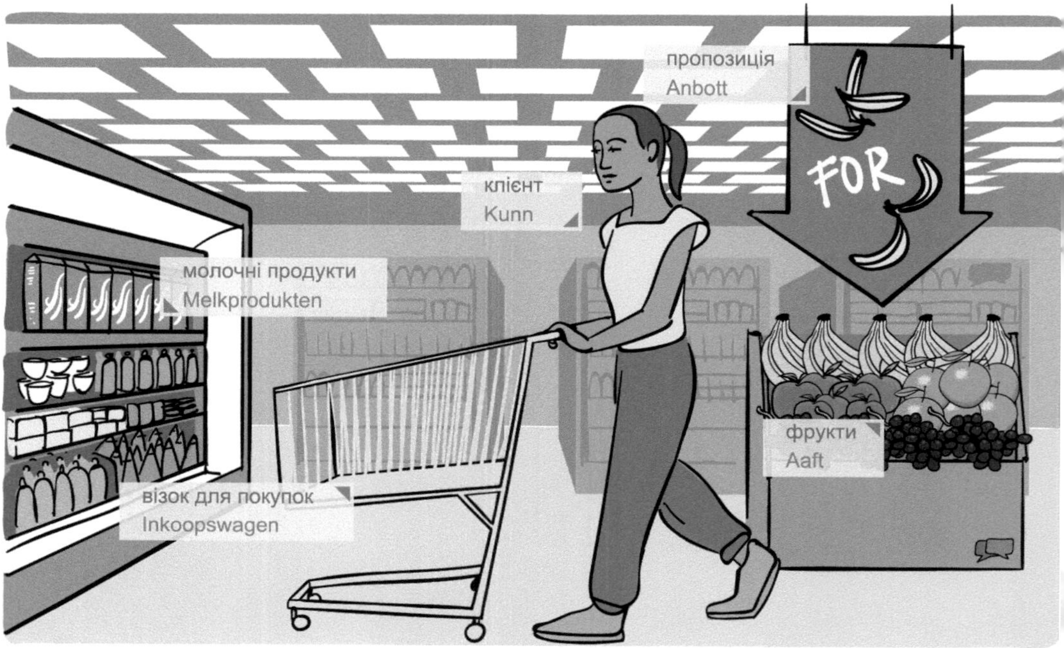

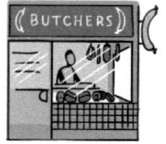

м'ясний магазин

Slachterie

BAKERY

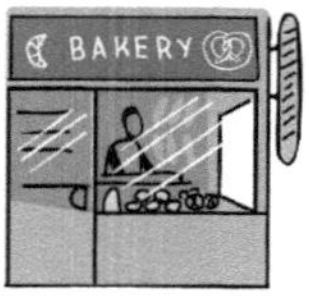

пекарня

Bäckerie

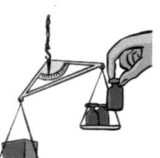

зважувати

wegen

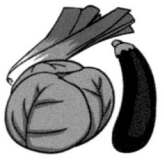

овочі

Gröönsaken

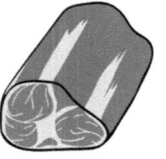

м'ясо

Fleesch

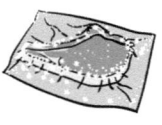

заморожені продукти

Deepköhlkost

ковбасна нарізка

Opsnitt

консерви

Konserven

пральний порошок

Waschmiddel

солодощи

Snoopkraam

предмети домашнього побуту

Huushooltssaken

мийний засіб

Reinmaaktüüch

продавщиця

Verköpersche

каса

Kass

касир

Kasserer

список покупок

Inkoopslist

часи роботи

Opsparrtieden

гаманець

Breeftasch

кредитна картка

Kreditkoort

сумка

Tasch

поліетиленовий пакет

Plastiktüüt

вода

Water

сік

Saft

молоко

Melk

кола

Cola

вино

Wien

пиво

Beer

алкоголь

Spriet

какао

Kakao

чай

Tee

кава

Koffie

еспресо

Espresso

капучіно

Cappucino

банан

Banaan

яблуко

Appel

апельсин

Appelsien

кавун

Meloon

лимон

Zitroon

морква

Wöttel

часник

Knuuvlook

бамбук

Bambus

цибуля

Zibbel

гриб

Poggenstohl

горішки

Nööt

локшина

Nudeln

спагеті

Spaghetti

рис

Ries

салат

Salat

картопля фрі

Pommes frites

смажена картопля

Braadkantüffeln

піца

Pizza

гамбургер

Hamborger

бутерброд

Sandwich

шніцель

Snitzel

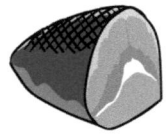

шинка

Schinken

салямі

Salami

ковбаса

Wust

курка

Hohn

печеня

Braden

риба

Fisch

вівсяні пластівці

Haverflocken

мюслі

Müsli

кукурудзяні пластівці

Cornflakes

борошно

Mehl

круасан

Croissant

булочка

Rundstück

хліб

Broot

тостовий хліб

Toast

печиво

Keksen

масло

Botter

сир

Quark

пиріг

Koken

яйце

Ei

яєчня

Spegelei

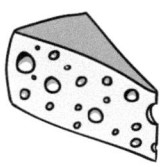

сир

Kees

морозиво

Ies

цукор

Zucker

мед

Honnig

мармелад

Marmelaad

нуга-крем

Nougat-Creme

карі

Curry

ферма
Buernhoff

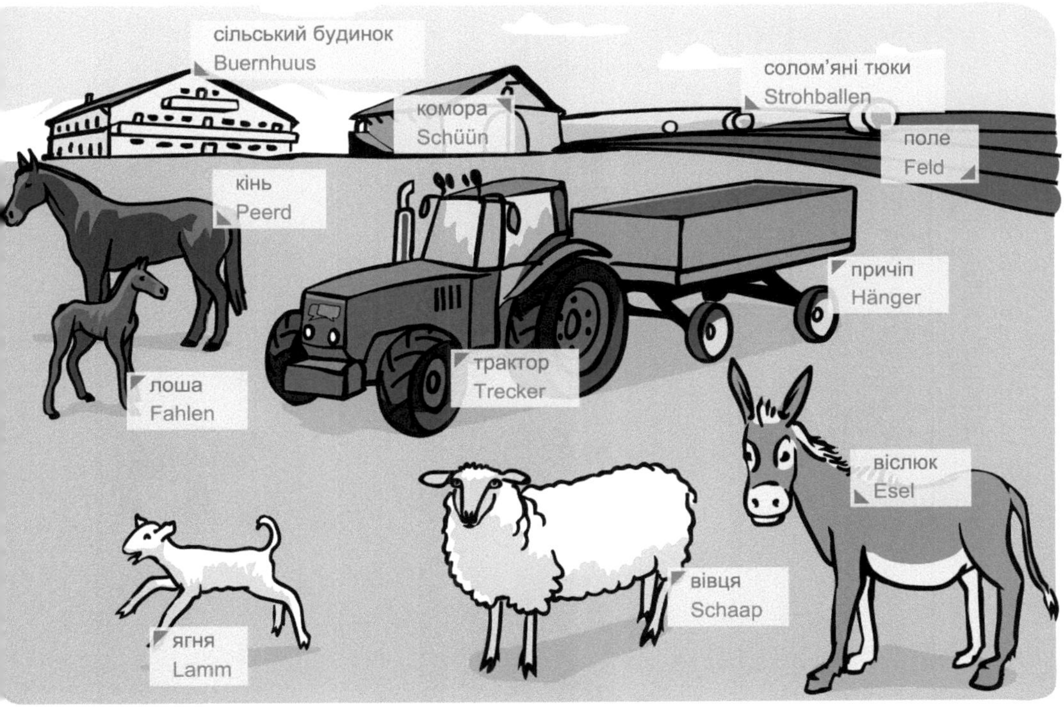

сільський будинок
Buernhuus
солом'яні тюки
Strohballen
комора
Schüün
поле
Feld
кінь
Peerd
причіп
Hänger
трактор
Trecker
лоша
Fahlen
віслюк
Esel
вівця
Schaap
ягня
Lamm

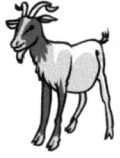

коза

Zeeg

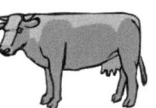

корова

Koh

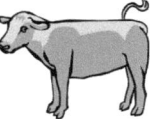

теля

Kalf

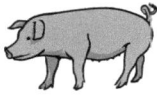

свиня

Swien

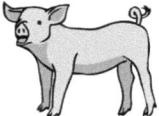

порося

Farken

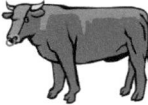

бик

Bull

гусак

Goos

качка

Aant

курча

Küken

курка

Hohn

півень

Hahn

щур

Rott

кіт

Katt

миша

Muus

віл

Oss

собака

Hund

собача будка

Hunnenhütt

садовий шланг

Goornslauch

лійка

Geetkann

коса

Lee

плуг

Ploog

серп

Sich

мотика

Hack

вила

Mestfork

сокира

Ext

тачка

Schuufkoor

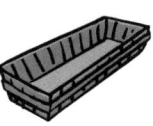

корито

Trog

бідон молока

Melkkann

мішок

Sack

паркан

Tuun

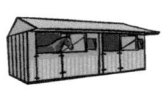

хлів

Stall

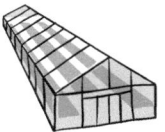

теплиця

Drievhuus

ґрунт

Bodden

насіння

Saat

добриво

Dünger

комбайн

Meihdöscher

пожинати

oornen

урожай

Oorn

корінь ямсу

Yamswöttel

пшениця

Weten

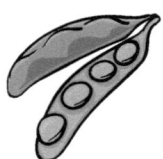

соя

Soja

картопля

Kantüffel

кукурудза

Törksche Weten

ріпак

Rapp

плодове дерево

Aaftboom

маніок

Troopsch Kantüffel

злаки

Koorn

дім
Huus

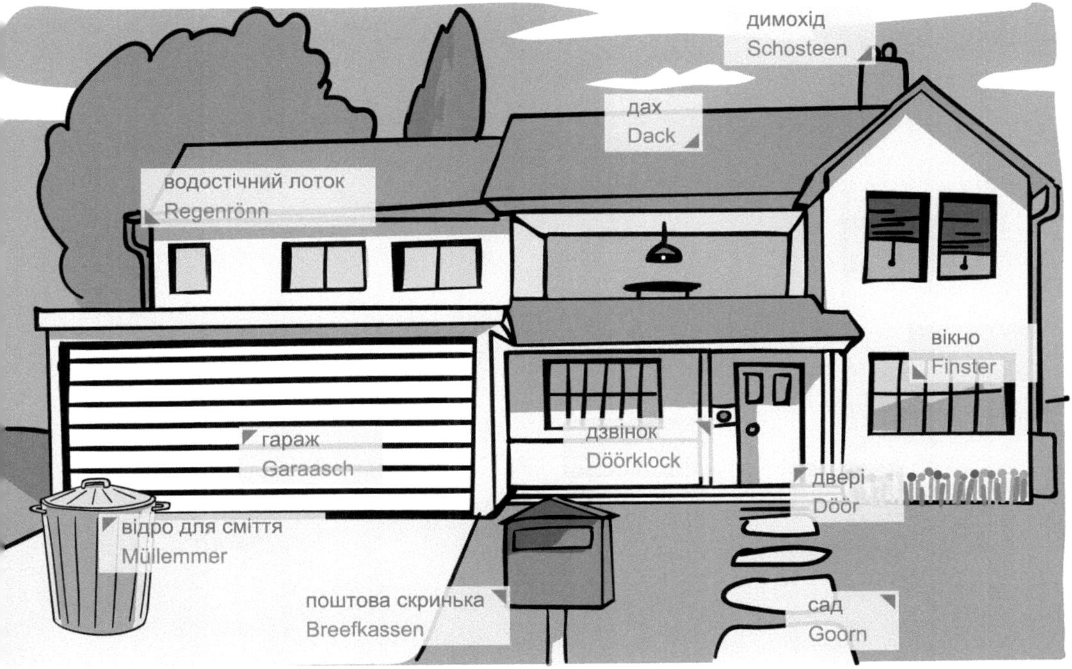
димохід
Schosteen
дах
Dack
водостічний лоток
Regenrönn
вікно
Finster
гараж
Garaasch
дзвінок
Döörklock
двері
Döör
відро для сміття
Müllemmer
поштова скринька
Breefkassen
сад
Goorn

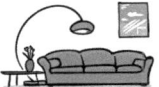

вітальня

Wahnstuuv

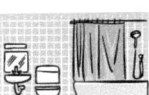

ванна кімната

Baadstuuv

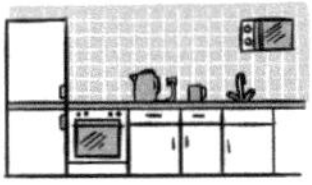

кухня

Köök

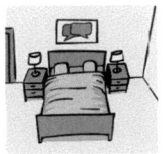

спальня

Slaapstuuv

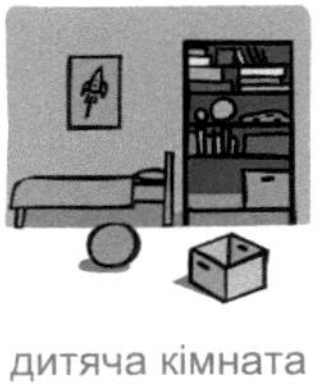

дитяча кімната

Kinnerstuuv

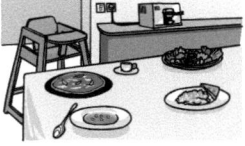

їдальня

Eetstuuv

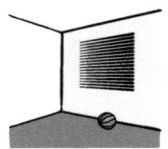

підлога

Footbodden

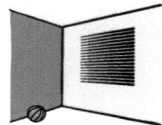

стіна

Wand

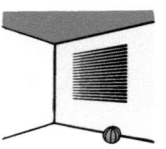

стеля

Deek

підвал

Keller

сауна

Hittluftbad

балкон

Balkon

тераса

Terrass

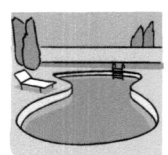

басейн

Swümmbad

косарка

Rasenmeiher

простирало

Bettbetog

ковдра

Bettdeek

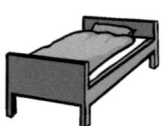

ліжко

Puuch

мітла

Bessen

відро

Emmer

перемикач

Schalter

вітальня

Wahnstuuv

шпалери
Tapeet
малюнок
Bild
лампа
Lamp
поличка
Regal
шафа
Schapp
телевізор
Kiekkassen
камін
Kamin
квітка
Bloom
подушка
Küssen
диван
Sofa
ваза
Vaas
пульт
Feernbedenen

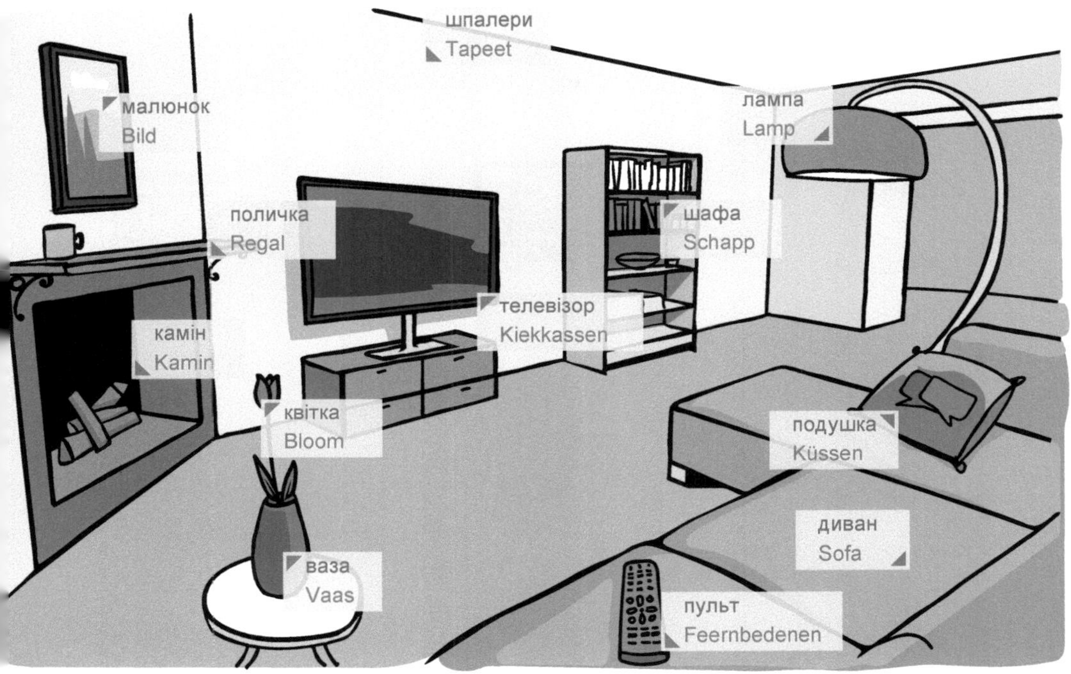

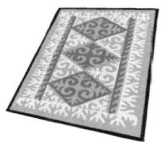

килим

Teppich

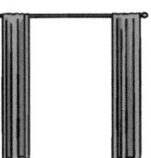

завіса

Vörhang

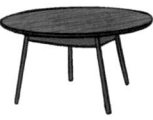

стіл

Disch

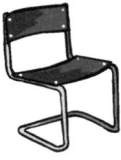

стілець

Stohl

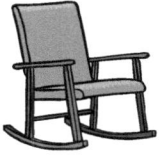

крісло-гойдалка

Schuckelstohl

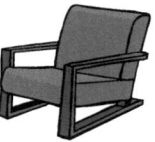

крісло

Sessel

книга

Book

ковдра

Deek

прикраса

Dekoratschoon

дрова

Füerholt

фільм

Film

стереосистема

Stereoanlaag

ключ

Slötel

газета

Narichtenblatt

картина

Gemälde

плакат

Poster

радіо

Radio

блокнот

Opschrievblock

пилосос

Huulbessen

кактус

Kaktus

свічка

Kars

кухня
Köök

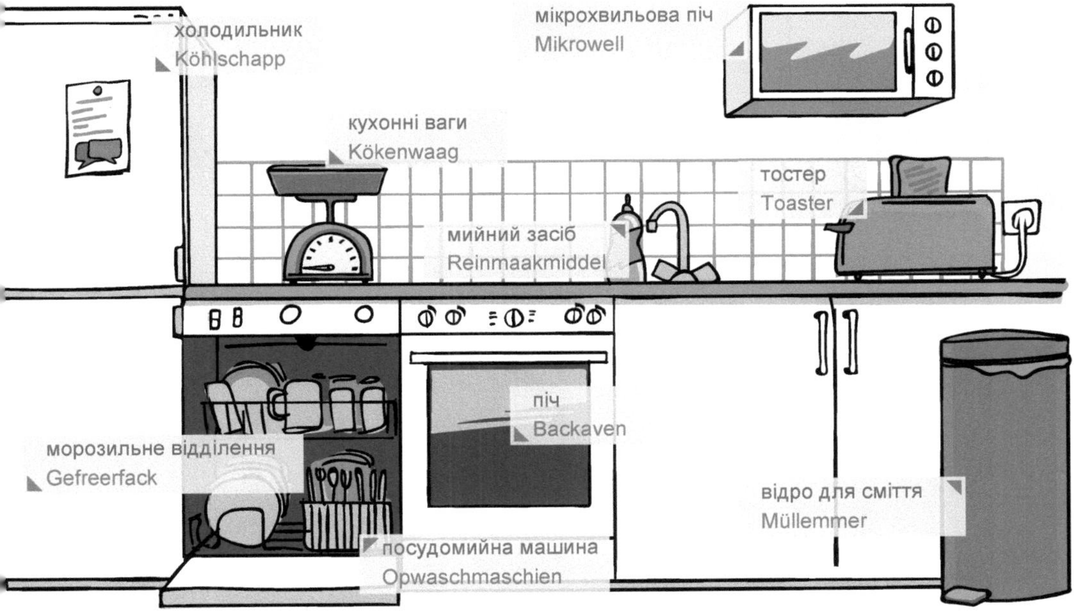

холодильник
Köhlschapp
мікрохвильова піч
Mikrowell
кухонні ваги
Kökenwaag
тостер
Toaster
мийний засіб
Reinmaakmiddel
піч
Backaven
морозильне відділення
Gefreerfack
відро для сміття
Müllemmer
посудомийна машина
Opwaschmaschien

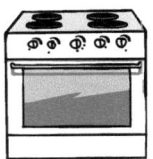

плита

Heerd

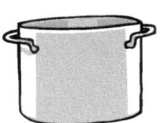

горщик

Pott

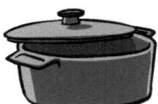

чавунний горщик

Gussiesern Putt

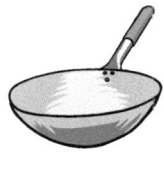

вок / кадай

Wok / Kadai

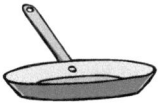

сковорода

Pann

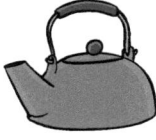

чайник

Waterkaker

пароварка

Dampkaakputt

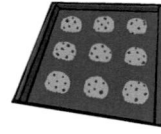

лист

Backblick

посуд

Geschirr

кухоль

Beker

чаша

Schaal

палички для їжі

Eetsticken

черпак

Suppenkell

лопатка

Pannenwenner

вінчик для збивання

Sneebessen

сито

Kaakseef

сито

Seef

терка

Riev

ступка

Mörser

барбекю

Grill

багаття

Füerstell

дошка

Sniedbrett

качалка

Nudelholt

штопор

Proppentrecker

конзерва

Doos

відкривачка

Dosenaapner

прихватки

Pottlappen

раковина

Waschbecken

щітка

Böst

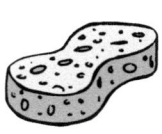

губка

Swamm

міксер

Mixer

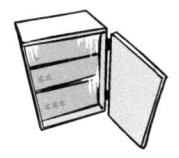

морозильна камера

Iesschapp

дитяча пляшка

Nuckelbuddel

кран

Waterhahn

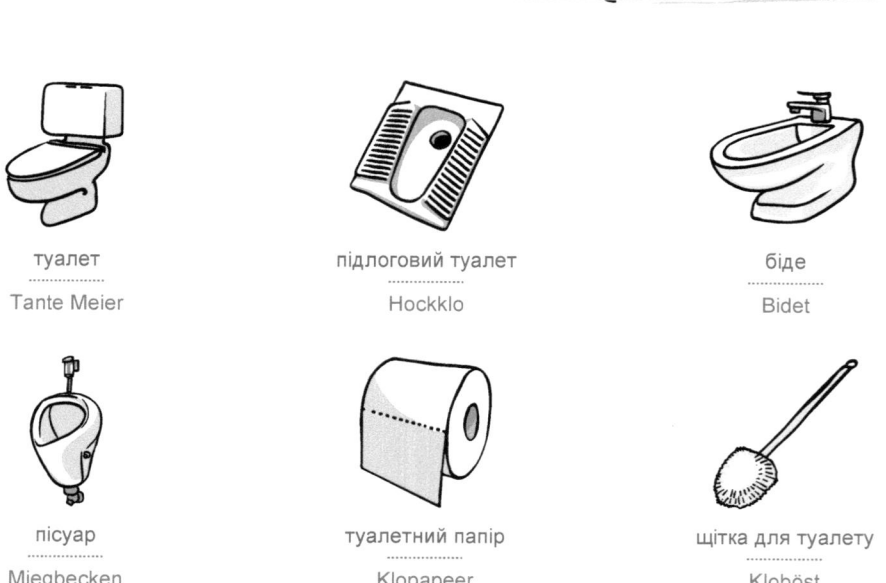

ванна кімната

Baadstuuv

опалення
Heizung
рушник
Handdook
душ
Bruus
душова завіса
Bruusvörhang
піниста ванна
Schuumbad
ванна
Baadwann
склянка
Glas
пральна машина
Waschmaschien
кран
Waterhahn
плитка
Fliesen
горшок
lütte Putt
раковина
Waschbecken

туалет

Tante Meier

підлоговий туалет

Hockklo

біде

Bidet

пісуар

Miegbecken

туалетний папір

Klopapeer

щітка для туалету

Kloböst

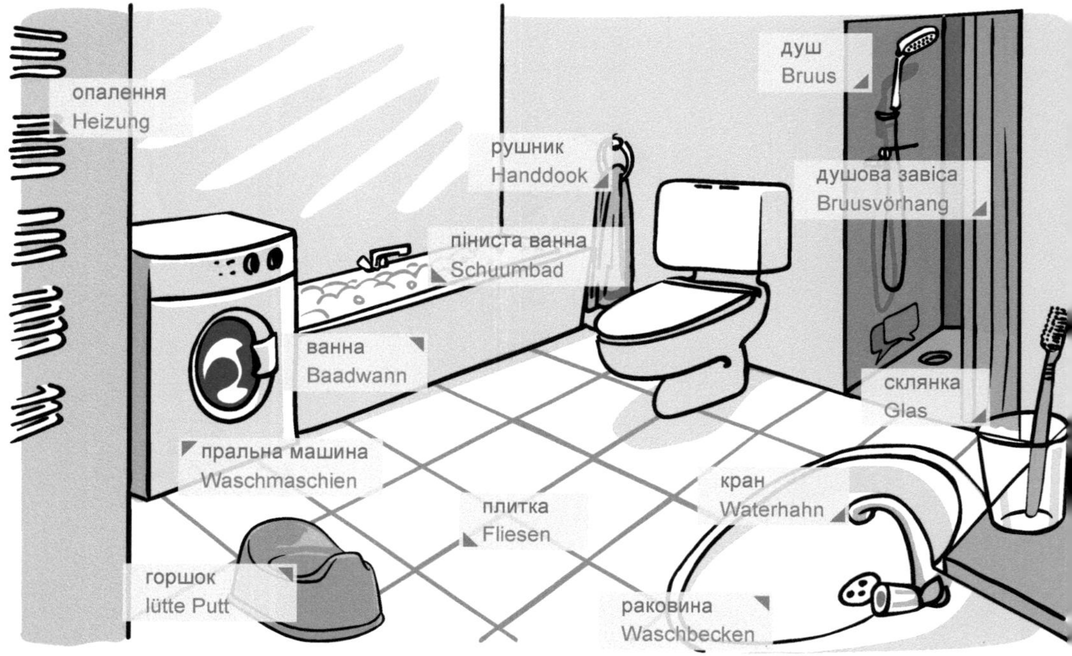

зубна щітка

Tähnböst

зубна паста

Tähnpast

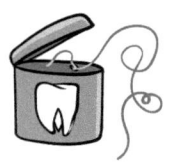

нитка для чищення зубів

Tähnsied

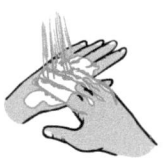

мити

waschen

ручний душ

Handbruus

інтимний душ

Intimbruus

таз

Waschschöttel

щітка для спини

Rüchböst

мило

Seep

гель для душу

Bruusgeel

шампунь

Hoorwaschmiddel

мочалка

Waschlappen

водостік

Afloop

крем

Creme

дезодорант

Deodorant

дзеркало

Spegel

косметичне дзеркало

Kosmetikspegel

бритва

Raserer

піна для гоління

Raseerschuum

лосьйон після гоління

Raseerwater

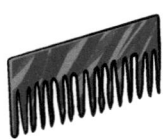

гребінь

Kamm

щітка

Böst

фен

Hoordröger

лак для волосся

Hoorspray

косметика

Smink

губна помада

Lippensticken

лак для нігтів

Nagellack

вата

Watt

ножиці для нігтів

Nagelscheer

парфум

Rüükwater

косметичка

Kulturbüdel

табурет

Schemel

ваги

Waag

халат

Baadmantel

гумові рукавички

Gummihanschen

тампон

Tampon

гігієнічні прокладки

Damenbinn

біотуалет

Chemieklo

Kinnerstuuv

будильник
Wecker
м'яка іграшка
Knudeldeert
іграшковий автомобіль
Speeltüüchauto
брязкальце
Klöter
ляльковий будиночок
Poppenhuus
подарунок
Geschenk

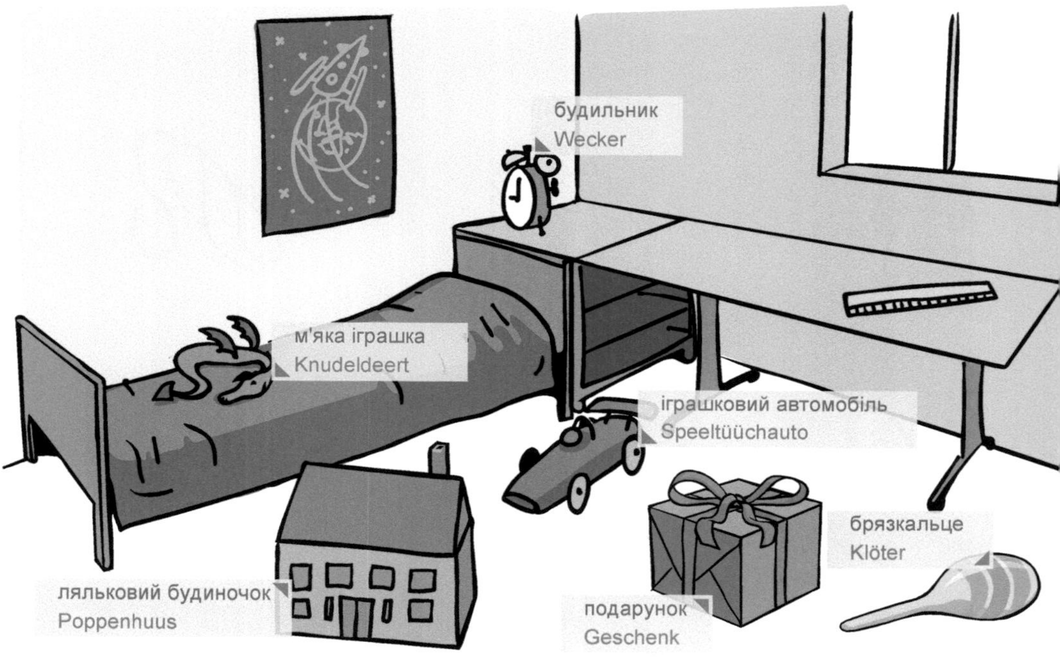

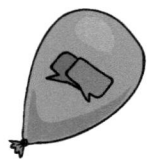

повітряна кулька

Luftballon

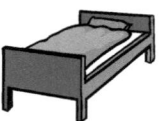

ліжко

Puuch

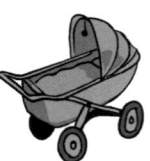

дитячий візок

Kinnerwagen

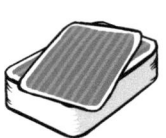

картярська гра

Koortenspeel

пазл

Puzzle

SUPER
MEGA

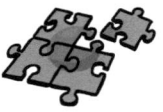

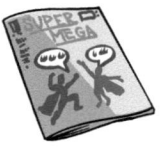

комікс

Billergeschicht

лего цеглинки

Legostenen

блоки

Bustenen

іграшкова фігурка

Action-Figur

повзунки

Strampelantog

фризбі

Frisbeeschiev

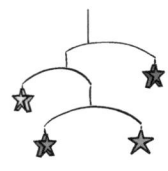

мобіле

Mobile

настільна гра

Brettspeel

кубик

Wörpel

модель залізнична станція

Modelliesenbahn

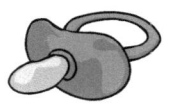

соска

Snuller

вечірка

Party

книжка з картинками

Billerbook

м'яч

Ball

лялька

Popp

грати

spelen

пісочниця

Sandkassen

гойдалка

Schuckel

іграшка

Speeltüüch

гральна консоль

Speelkonsool

триколісний велосипед

Dreerad

плюшевий мішка

Teddyboor

шафа

Klederschapp

одяг

Tüüch

шкарпетки

Socken

панчохи

Strümp

колготки

Strumpbüx

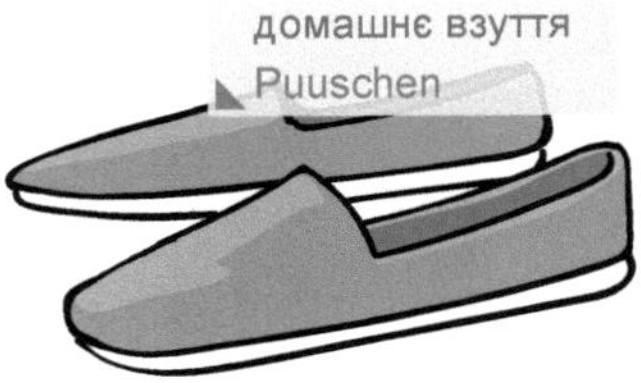

шарф
Halsdook

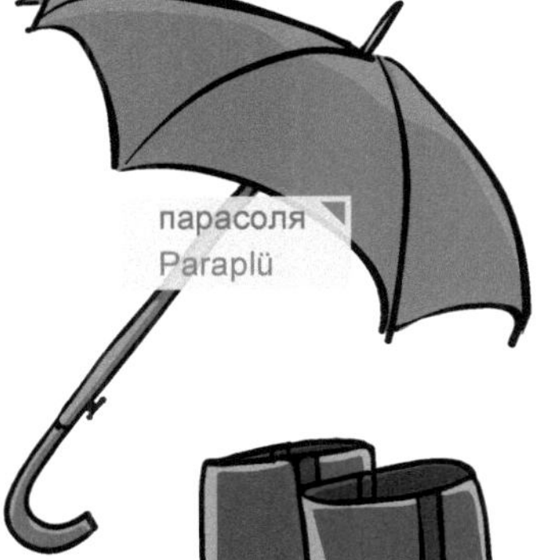

ремінь
Liefreem

парасоля
Paraplü

футболка
T-Shirt

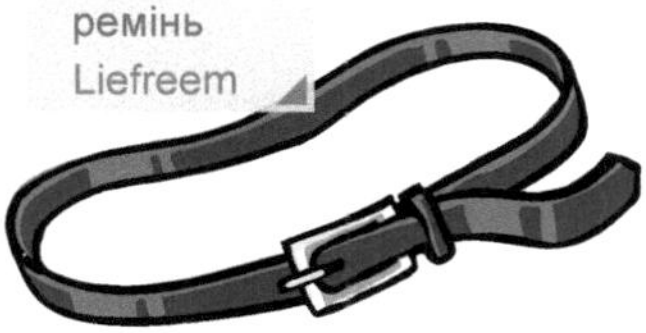

чоботи
Stevel

домашнє взуття
Puuschen

кросівки
Turnschoh

сандалі
....
Sandalen

взуття
....
Schoh

гумові чоботи
....
Gummistevel

труси
....
Ünnerbüx

бюстгальтер
....
Bostholler

нижня сорочка
....
Ünnerhemd

боді

Lief

штани

Büx

джинси

Jeansnüx

спідниця

Rock

блузка

Bluus

сорочка

Hemd

пуловер

Pullover

светр

Kapuzenpullover

піджак

Blazer

куртка

Jack

пальто

Mantel

дощовик

Övertrecker

костюм

Kostüm

сукня

Kleed

весільна сукня

Hochtietskleed

костюм

Antog

нічна сорочка

Nachtkleed

піжама

Slaapantog

сарі

Sari

головна хустка

Koppdook

чалма

Turban

бурка

Burka

кафтан

Kaftan

абая

Abaya

купальник

Baadantog

плавки

Baadbüx

шорти

Korte Büx

тренувальний костюм

Antog to'n Öven

фартух

Schört

рукавички

Handschoh

гудзик

Knopp

окуляри

Brill

браслет

Armband

ланцюг

Halskeed

кільце

Ring

сережка

Ohrbummel

шапка

Mütz

плічка

Klederbögel

капелюх

Hoot

краватка

Binner

застібка-блискавка

Rietslüter

шолом

Helm

підтяжки

Drachtband

шкільна форма

Schooluniform

уніформа

Uniform

нагрудник

Severböten

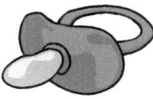

соска

Snuller

підгузок

Winnel

офіс
Büro

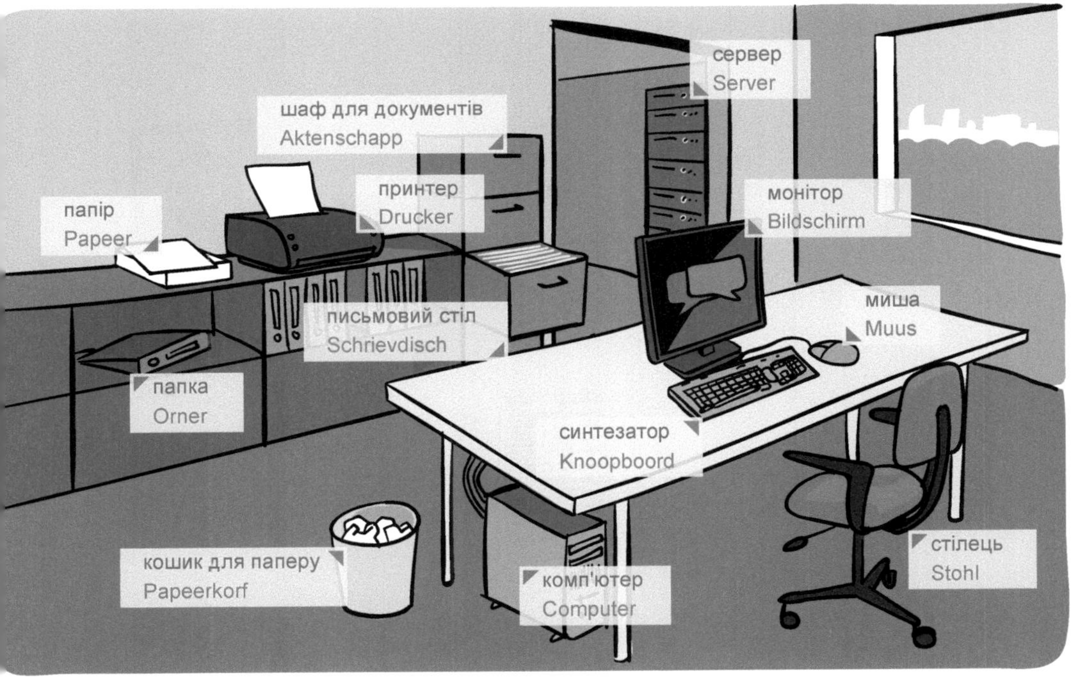

сервер
Server

шаф для документів
Aktenschapp

принтер
Drucker

монітор
Bildschirm

папір
Papeer

миша
Muus

письмовий стіл
Schrievdisch

папка
Orner

синтезатор
Knoopboord

стілець
Stohl

кошик для паперу
Papeerkorf

комп'ютер
Computer

кавовий кухоль

Koffiebeker

калькулятор

Taschenreekner

інтернет

Internet

ноутбук

Klappreekner

лист

Breef

повідомлення

Naricht

мобільний телефон

Ackersnacker

мережа

Nettwark

копіювальний пристрій

Kopeerapparat

програмне забезпечення

Software

телефон

Klöönkassen

розетка

Steekdoos

факс

Faxapparat

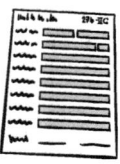

бланк

Formulor

документ

Dokument

купувати

köpen

платити

betahlen

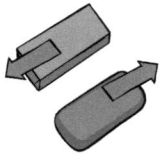

торгувати

hanneln

гроші

Geld

долар

Dollar

євро

Euro

ієна

Yen

рубль

Ruvel

франк

Swiezer Franken

юанів женьміньбі

Renminbi Yuan

рупія

Rupie

банкомат

Geldautomat

обмінний пункт

Wesselstuuv

золото

Gold

срібло

Sülver

нафта

Ööl

енергія

Energie

ціна

Pries

контракт

Verdrag

податок

Stüer

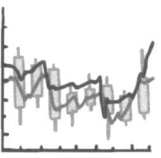

акція

Andeelschien

працювати

arbeiden

працівник

Anstellte

роботодавець

Arbeitgever

фабрика

Fabrik

магазин

Hökerie

поліцейський
Wachtmeester

пожежник
Füerwehrmann

повар
Kock

лікар
Dokter

пілот
Fleger

садівник

Goorner

столяр

Discher

швачка

Neihersche

суддя

Richter

хімік

Chemiker

актор

Schauspeler

водій автобуса

Busfohrer

таксист

Taxifohrer

рибалка

Fischer

прибиральниця

Reinmaakfru

покрівельник

Dackdecker

офіціант

Kellner

мисливець

Jäger

художник

Maler

пекар

Bäcker

електрик

Elektriker

будівельник

Buarbeider

інженер

Ingenieur

забійник

Slachter

бляхар

Klempner

листоноша

Postbüdel

солдат

Suldat

архітектор

Architekt

касир

Kasserer

флорист

Florist

перукар

Putzbüdel

кондуктор

Schaffner

механік

Mechaniker

капітан

Kaptein

дантист

Tähndokter

вчений

Wetenschopler

рабин

Rabbi

імам

Imam

монах

Mönk

пастор

Paap

інструменти
Warktüüch

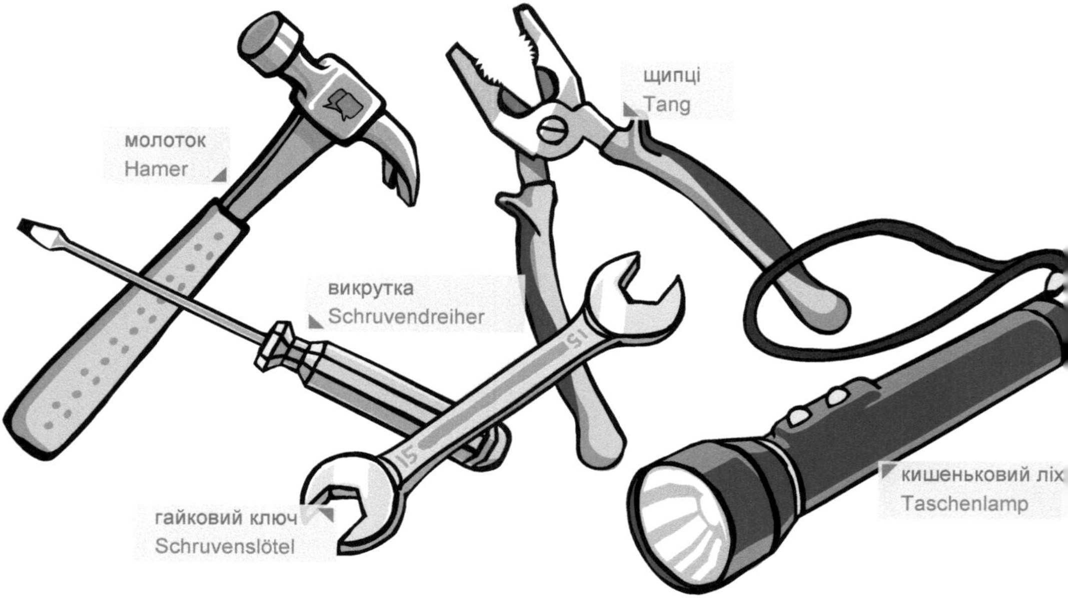
щипці
Tang
молоток
Hamer
викрутка
Schruvendreiher
кишеньковий ліх
Taschenlamp
гайковий ключ
Schruvenslötel

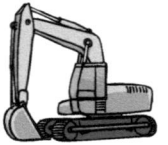

екскаватор

Grieper

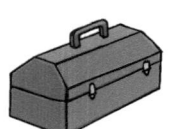

ящик для інструментів

Warktüüchkassen

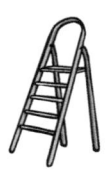

драбина

Ledder

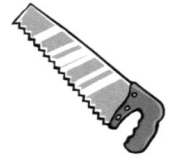

пилка

Saag

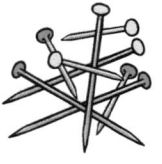

цвяхи

Nagels

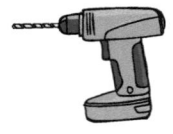

свердло

Bohrer

ремонтувати

heelmaken

лопата

Schüffel

лайно!

Schiet!

совок

Kehrblick

відро з фарбою

Farvpott

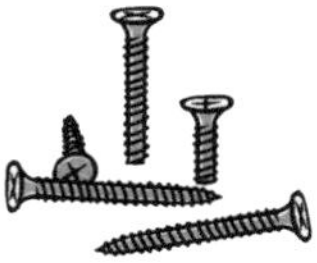

гвинти

Schruven

музичні інструменти
Musikinstrumenten

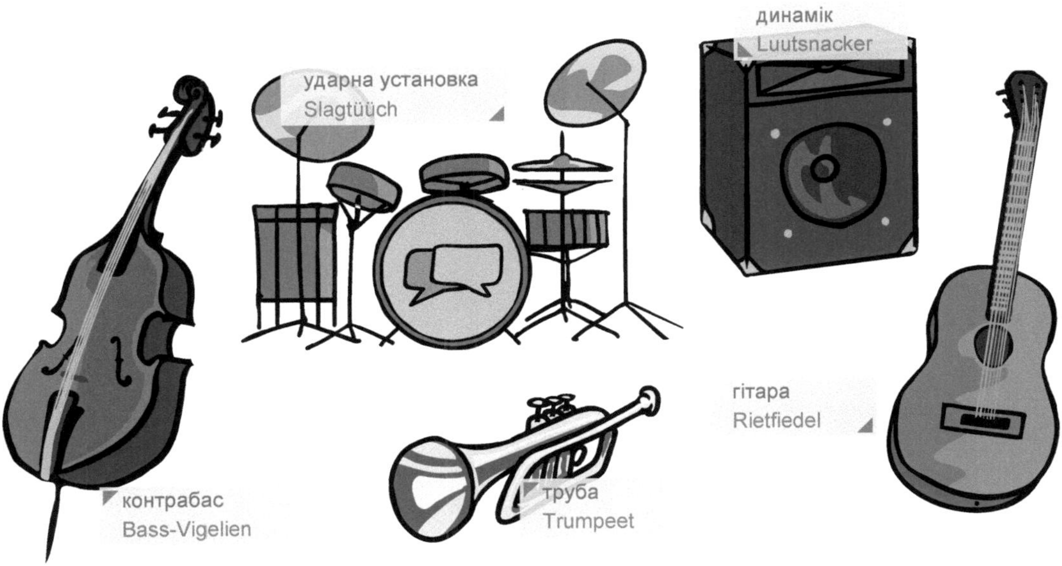

динамік
Luutsnacker

ударна установка
Slagtüüch

гітара
Rietfiedel

контрабас
Bass-Vigelien

труба
Trumpeet

фортепіано

Klaveer

скрипка

Vigelien

бас

Bass

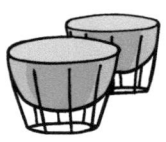

литаври

Pauk

барабан

Trummeln

клавіатура

Keyboard

саксофон

Saxophon

флейта

Fleut

мікрофон

Mikrofoon

зоопарк

Deertenpark

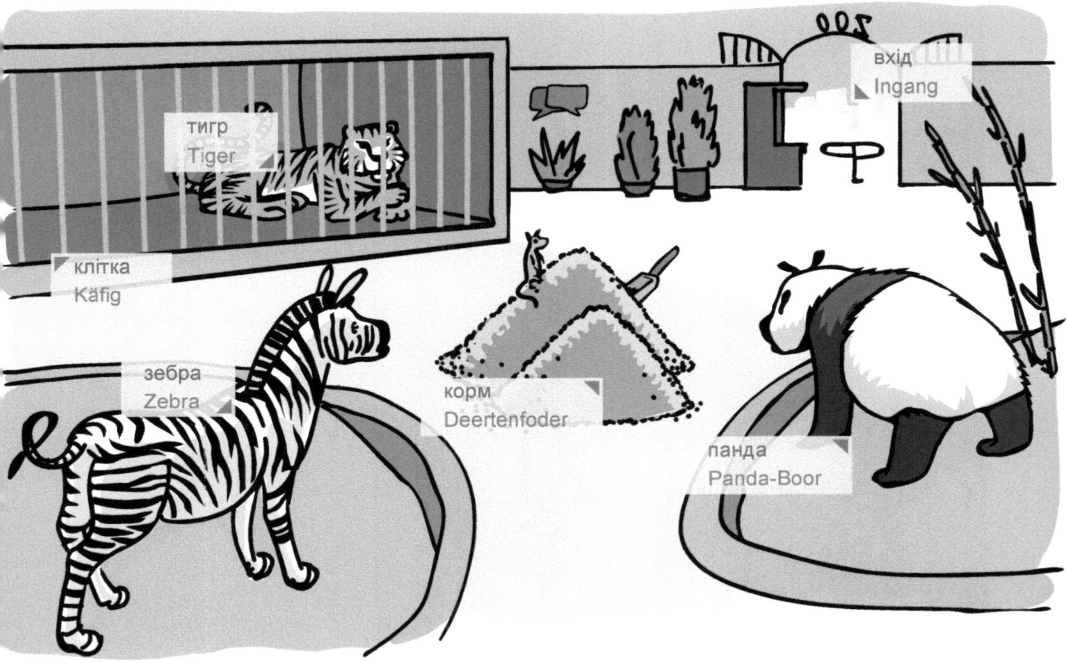
вхід
Ingang
тигр
Tiger
клітка
Käfig
зебра
Zebra
корм
Deertenfoder
панда
Panda-Boor

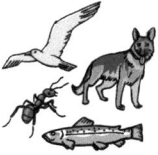

тварини

Deerten

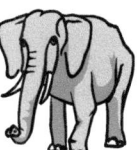

слон

Elefant

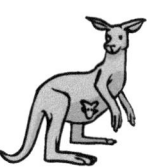

кенгуру

Känguru

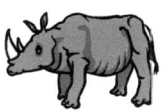

носоріг

Neeshoorn

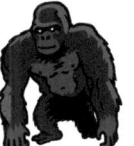

горила

Gorilla

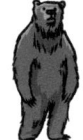

ведмідь

Boor

верблюд

Kameel

страус

Struuß

лев

Lööv

мавпа

Aap

фламінго

Flamingo

папуга

Papagoi

білий ведмідь

Iesboor

пінгвін

Pinguin

акула

Haifisch

павич

Pageluun

змія

Slang

крокодил

Krokodil

працівник зоопарку

Oppasser in'n Deertenpark

тюлень

Saalhund

ягуар

Jaguor

поні
Pony

леопард
Leopard

гіпопотам
Nilpeerd

жираф
Giraff

орел
Aadler

кабан
Wildswien

риба
Fisch

черепаха
Schildkrööt

морж
Walross

лисиця
Voss

газель
Gazell

американський футбол
Amerikaansch Football

їзда на велосипеді
Radfohren

теніс
Tennis

баскетбол
Korfball

плавання
Swümmen

бокс
Boxen

хокей
Ieshockey

футбол

Football

бадмінтон

Fedderball

легка атлетика

Leichtathletik

гандбол

Handball

лижні перегони

Skilopen

поло

Polo

дії
Aktivitäten

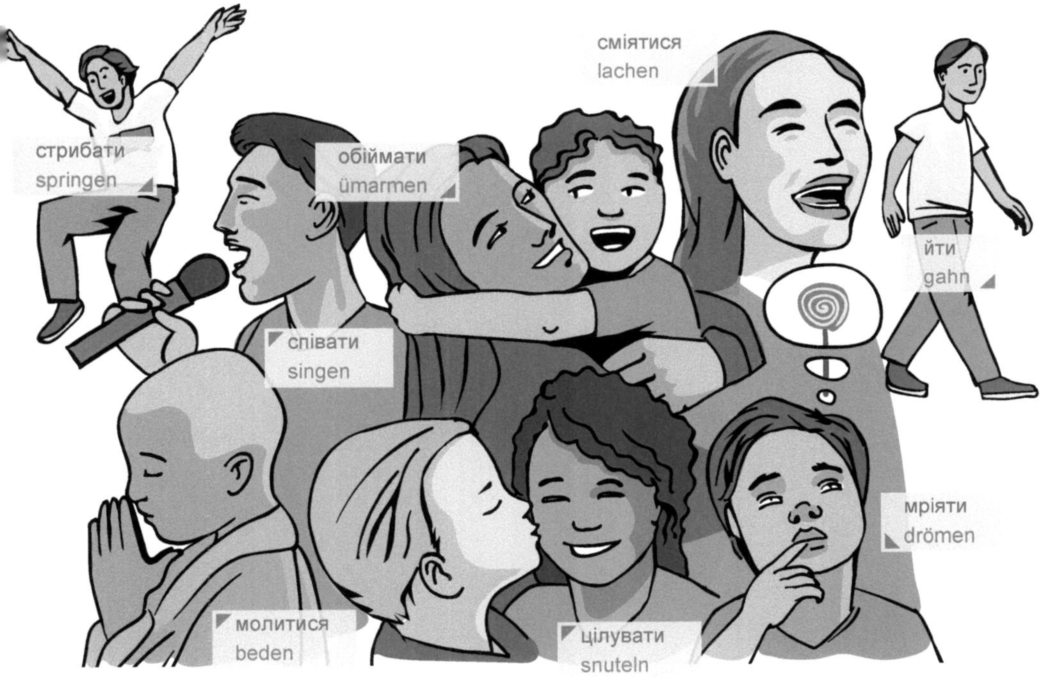
сміятися
lachen
стрибати
springen
обіймати
ümarmen
йти
gahn
співати
singen
мріяти
drömen
молитися
beden
цілувати
snuteln

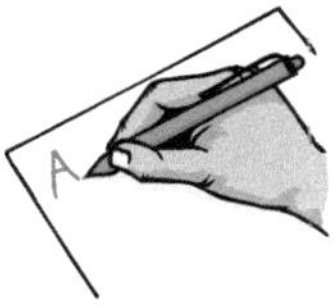

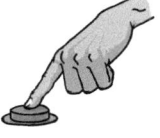

писати

schrieven

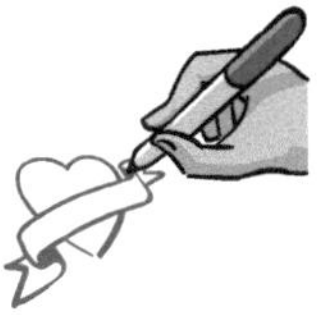

малювати

teken

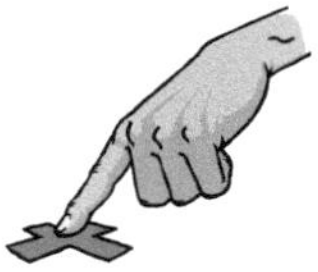

показувати

wiesen

тиснути

drücken

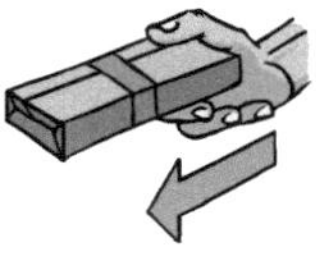

давати

geven

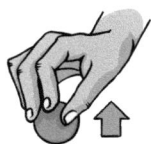

брати

nehmen

мати

hebben

робити

doon

бути

sien

стояти

stahn

бігати

lopen

тягнути

trecken

кидати

smieten

падати

fallen

лежати

liggen

очікувати

töven

носити

dregen

сидіти

sitten

одягати

antrecken

спати

slapen

просипатися

opwaken

дивитися

ankieken

плакати

wenen

гладити

eien

розчісувати

kämmen

розмовляти

snacken

розуміти

verstahn

питати

fragen

слухати

hören

пити

drinken

їсти

eten

прибирати

oprümen

любити

leefhebben

варити

kaken

їхати

fohren

літати

flegen

дії - Aktivitäten

йти під вітрилом

segeln

рахувати

reken

читати

lesen

вчитися

lehren

працювати

arbeiden

одружуватися

de Plünnen tohoopsmieten

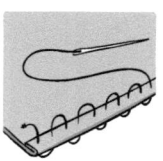

шити

neihen

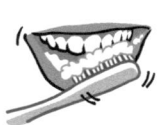

чистити зуби

Tähnen putzen

убивати

dootmaken

курити

smöken

посилати

schicken

бабуся
Grootmoder

дідуся
Grootvadder

батько
Vadder

мати
Moder

немовля
Winnelkind

донька
Dochter

син
Söhn

гість

Gast

тітка

Tant

дядько

Unkel

брат

Broder

сестра

Süster

тіло
Lief

чоло
Vörkopp
око
Oog
плече
Schuller
палець
Finger
обличчя
Gesicht
підборіддя
Kinn
кисть
Hand
груди
Bost
нога
Been
рука
Arm

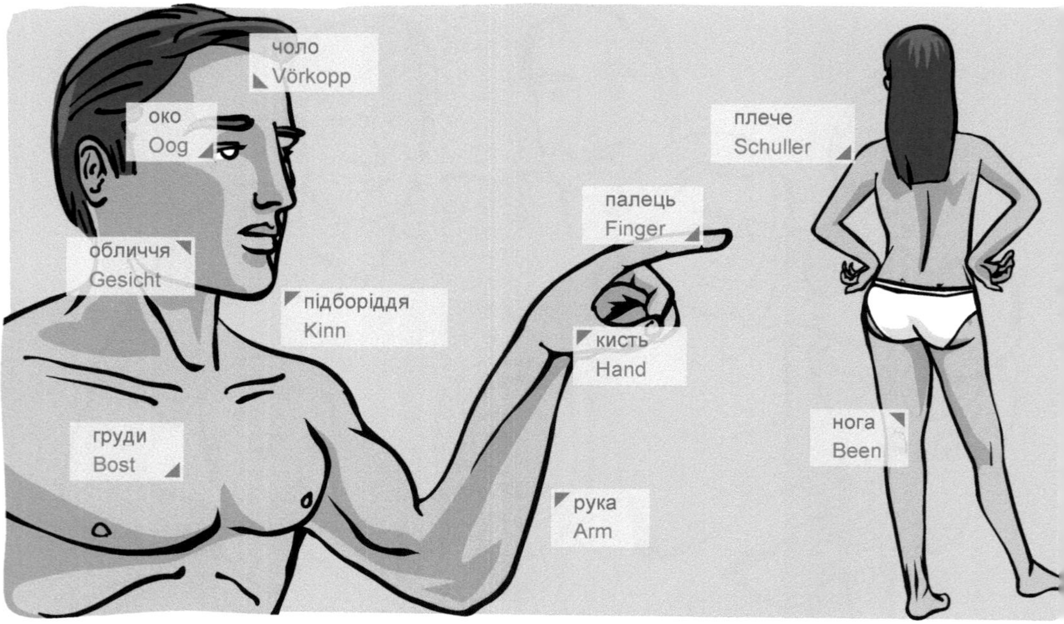

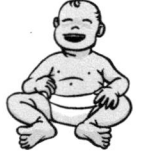

немовля

Winnelkind

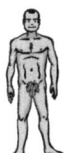

чоловік

Mann

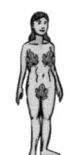

жінка

Fro

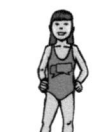

дівчина

Deern

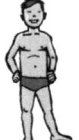

хлопчик

Jung

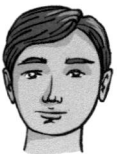

голова

Arm

спина

Rüch

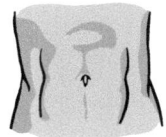

живіт

Buuk

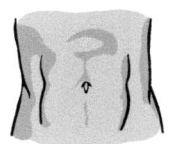

пуп

Navel

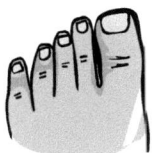

палець ноги

Teh

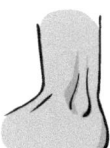

п'ята

Hack

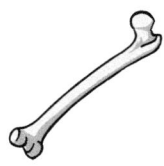

кістка

Knaken

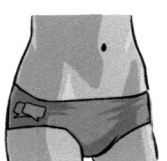

стегно

Hüft

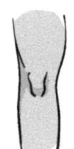

коліно

Knee

лікоть

Ellbagen

ніс

Nees

сідниці

Achtersen

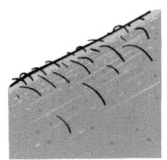

шкіра

Huut

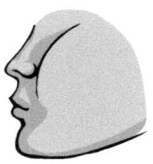

щока

Back

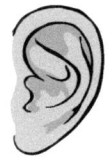

вухо

Ohr

губа

Lipp

рот

Mund

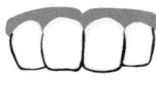

зуб

Tähn

язик

Tung

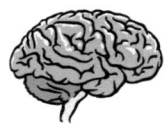

мозок

Bregen

серце

Hart

м'яз

Muskel

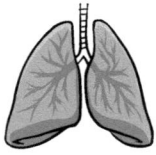

легені

Lung

печінка

Lever

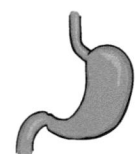

шлунок

Maag

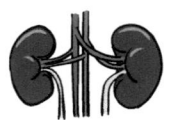

нирки

Neren

статевий акт

Bislaap

презерватив

Kondoom

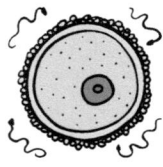

яйцеклітина

Eizell

сперма

Sperma

вагітність

Anner Ümstänn

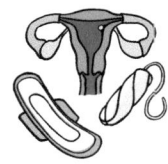

менструація

Menstruatschoon

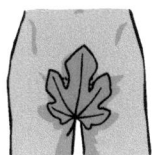

вагіна

Scheed

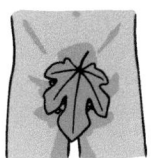

пеніс

Pint

брова

Ogenbroe

волосся

Hoor

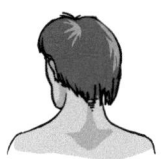

шия

Hals

лікарня
Krankenhuus

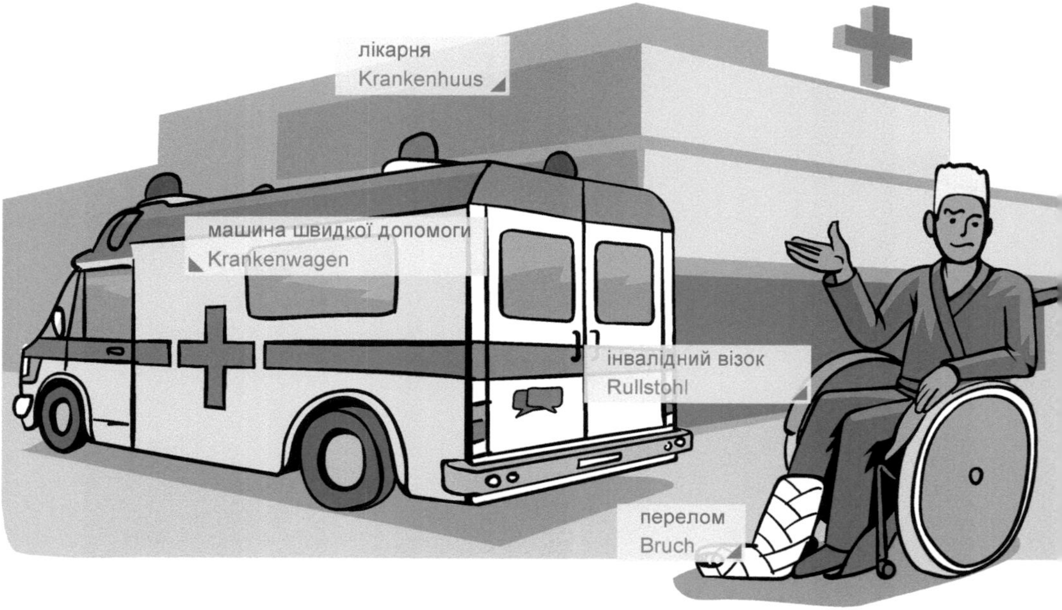

лікарня
Krankenhuus
машина швидкої допомоги
Krankenwagen
інвалідний візок
Rullstohl
перелом
Bruch

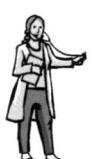

лікар
Dokter

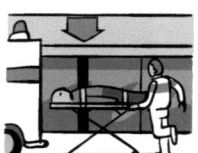

відділення швидкої медичної допомоги
Nootopnahm

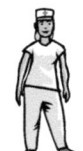

медсестра
Krankensüster

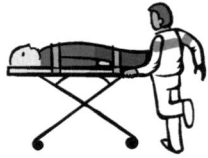

аварійний випадок
Nootfall

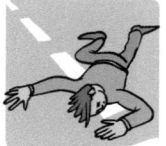

непритомний
ahnmächtig

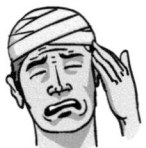

біль
Wehdaag

травма

Verwunnen

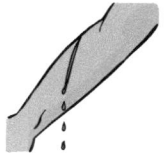

кровотеча

Blöden

інфаркт

Hartinfarkt

інсульт

Slaganfall

алергія

Allergie

кашель

Hoosten

лихоманка

Fever

грип

Gripp

пронос

Dörchfall

головна біль

Koppwehdaag

рак

Kreeft

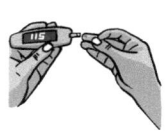

діабет

Zuckersüük

хірург

Chirurg

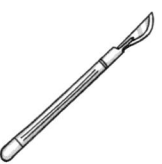

скальпель

Chirurgsch Mess

операція

Operatschoon

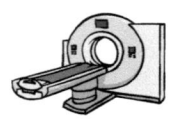

КТ

CT

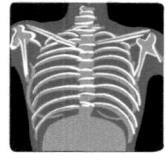

рентген

Dörchlüchten

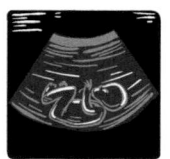

ультразвук

Ultraschall

маска

Mask

хвороба

Krankheit

зал очікування

Töövruum

милиця

Krück

пластир

Plaaster

пов'язка

Verband

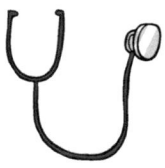

ін'єкція

Insprütten

стетоскоп

Stethoskop

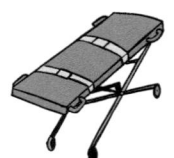

ноші

Draag

термометр

Feverthermometer

народження

Geboort

надмірна вага

Övergewicht

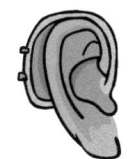

слуховий апарат

Hööapparat

дезінфікуючий засіб

Kiemfriemiddel

інфекція

Ansteken

вірус

Virus

ВІЛ / СНІД

HIV / AIDS

медицина

Heelmiddel

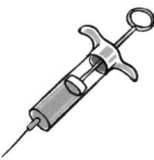

вакцинація

Impen

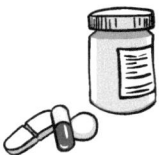

таблетки

Tabletten

протизаплідна пігулка

Pill

екстрений виклик

Nootroop

тонометр

Blootdruck-Meter

хворий / здоровий

krank / gesund

Допоможіть!

Hölp!

сигнал тривоги

Alarm

напад

Överfall

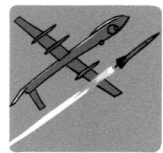

атака

Angreep

небезпека

Gefohr

аварійний вихід

Nootutgang

Вогонь!

Füer!

вогнегасник

Füerlöscher

аварія

Unfall

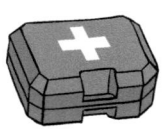

аптечка

Noothölpkoffer

COC

SOS

поліція

Polizei

Європа

Europa

Північна Америка

Noordamerika

Південна Америка

Süüdamerika

Африка

Afrika

Азія

Asien

Австралія

Australien

Атлантика

Atlantik

Тихий океан

Pazifik

Індійський океан

Indisch Weltmeer

Антарктичний океан

Antarktisch Weltmeer

Північний Льодовитий океан

Arktisch Weltmeer

Північний полюс

Noordpol

Південний полюс

Süüdpol

Антарктика

Antarktis

Земля

Eerd

суша

Land

море

See

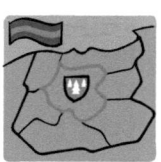

острів

Eiland

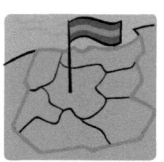

нація

Natschoon

держава

Staat

циферблат

Tallenblatt

годинникова стрілка

Stunnenwieser

хвилинна стрілка

Minutenwieser

секундна стрілка

Sekunnenwieser

Котра година?

Wo laat is dat?

день

Dag

час

Tiet

зараз

nu

цифровий годинник

digetaalsch Klock

хвилина

Minuut

година

Stunn

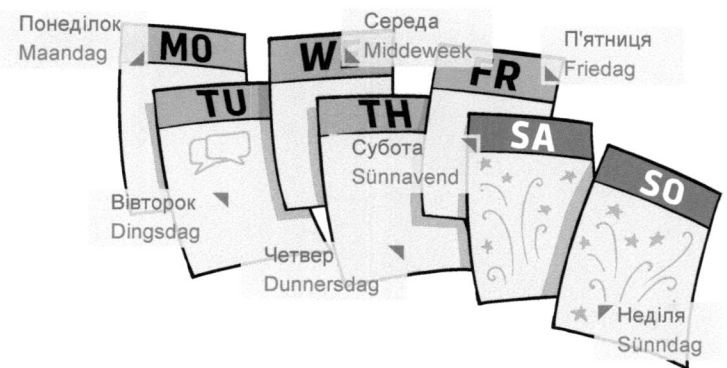

Понеділок
Maandag

Середа
Middeweek

П'ятниця
Friedag

Вівторок
Dingsdag

Четвер
Dunnersdag

Субота
Sünnavend

Неділя
Sünndag

вчора

güstern

сьогодні

hüüt

завтра

morgen

ранок

Morgen

опівдні

Meddag

вечір

Avend

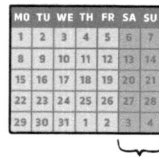

робочі дні

Arbeitsdaag

кінець робочого тижня

Wekenenn

рік

Johr

дощ
Regen
веселка
Regenbagen
вітер
Wind
сніг
Snee
весна
Fröhjohr
осінь
Harvst
літо
Sommer
зима
Winter

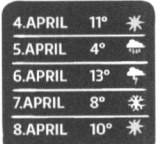

4.APRIL 11°
5.APRIL 4°
6.APRIL 13°
7.APRIL 8°
8.APRIL 10°

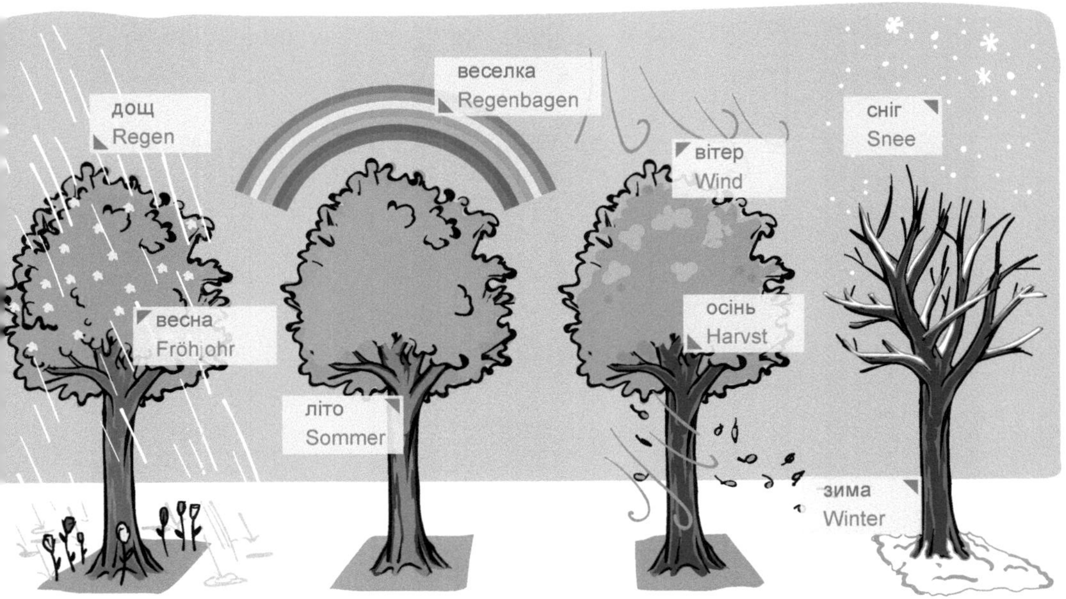

прогноз погоди

Wedervörhersaag

F
C
120
90
60
30
0
-30
40
30
20
10
0
-10
-20

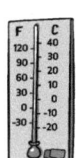

термометр

Thermometer

сонячне світло

Sünnenschien

хмара

Wulk

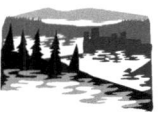

туман

Nevel

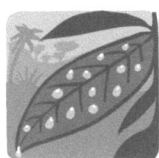

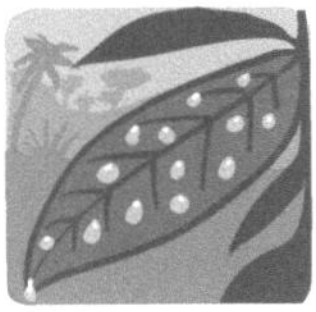

вологість повітря

Luftfuchtigkeit

блискавка

Blitz

грім

Dunner

шторм

Storm

град

Hagel

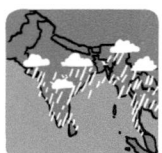

мусон

Monsun

повінь

Floot

лід

Ies

Січень

Januormaand

Лютий

Februormaand

Березень

Martmaand

Квітень

Aprilmaand

Травень

Maimaand

Червень

Junimaand

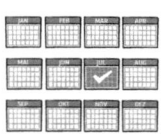

Липень

Julimaand

Серпень

Augustmaand

Вересень

Septembermaand

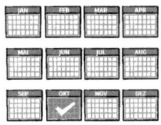

Жовтень

Oktobermaand

Листопад

Novembermaand

Грудень

Dezembermaand

форми
Formen

круг

Krink

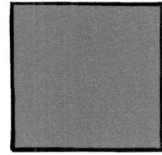

квадрат

Quadrat

прямокутник

Rechteck

трикутник

Dreeeck

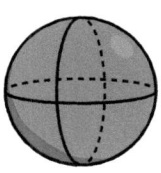

куля

Kugel

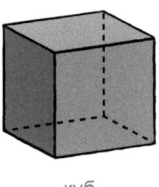

куб

Wörpel

білий

witt

жовтий

geel

помаранчевий

orangsch

рожевий

pink

червоний

root

фіолетовий

lila

синій

blau

зелений

gröön

коричневий

bruun

сірий

gries

чорний

swart

багато / мало

veel / wenig

лютий / мирний

böös / verdreeglich

гарний / бридкий

smuck / mies

початок / кінець

Begünn / Enn

великий / малий

groot / lütt

світлий / темний

hell / düüster

брат / сестра

Broder / Süster

чистий / брудний

schier / schietig

завершений / незавершений

kumpleet / nich kumpleet

день / ніч

Dag / Nacht

мертвий / живий

doot / lebennig

широкий / вузький

breet / small

їстівний / неїстівний

geneetbor / nich geneetbor

злий / дружній

böös / fründlich

збуджений / нудьгуючий

fickerig / langwielt

товстий / тонкий

dick / dünn

спочатку / востаннє

toeerst / toletzt

друг / ворог

Fründ / Fiend

повний / порожній

vull / leddig

жорсткий / м'який

hart / week

важкий / легкий

swoor / licht

голод / спрага

Smacht / Döst

хворий / здоровий

krank / gesund

незаконний / законний

nich na't Recht / na't Recht

розумний / дурний

klook / dummerhaftig

вліво / вправо

linkerhand / rechterhand

поруч / далеко

neeg / feern

новий / використаний

nieg / bruukt

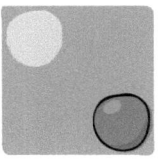

нічого / щось

nix / wat

старий / молодий

oolt / jung

вкл / викл

an / ut

відкрито / закрито

apen / slaten

тихо / гучно

lies / luut

багатий / бідний

riek / arm

правильно / неправильно

richtig / verkehrt

шорсткий / гладкий

ruug / glatt

сумний / щасливий

trurig / glücklich

короткий / довгий

kort / lang

повільно / швидко

suutje / flink

вологий / сухий

natt / dröög

гарячий / холодний

warm / köhl

війна / мир

Krieg / Freden

0

нуль

null

1

один

een

2

два

twee

3

три

dree

4

чотири

veer

5

п'ять

fief

6

шість

söss

7

сім

söven

8

вісім

acht

9

дев'ять

negen

10

десять

teihn

11

одинадцять

ölven

12

дванадцять
twölf

13

тринадцять
dörteihn

14

чотирнадцять
veerteihn

15

п'ятнадцять
föffteihn

16

шістнадцять
sössteihn

17

сімнадцять
söventeihn

18

вісімнадцять
achtteihn

19

дев'ятнадцять
negenteihn

20

двадцять
twintig

100

сто
hunnert

1.000

тисяча
dusend

1.000.000

мільйон
million

англійська

Engelsch

американська англійська

Amerikaansch Engelsch

китайська
високочиновницька

Chineesch Mandarin

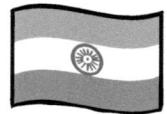

хінді

Hindi

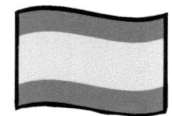

іспанська

Spaansch

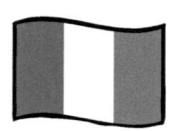

французька

Franzöösch

арабська

Araabsch

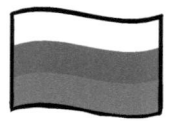

російська

Rusch

португальська

Portugiesch

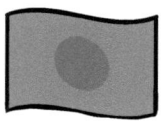

бенгальська

Bengaalsch

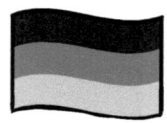

німецька

Düütsch

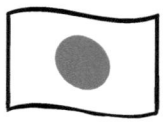

японська

Japaansch

я

ik

ти

du

він / вона / воно

he / se / dat

ми

wi

ви

ji

вони

se

хто?

keen?

що?

wat?

як?

woans?

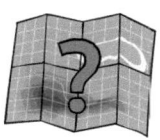

де?

woneem?

коли?

wannehr?

ім'я

Naam

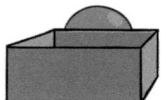

ззаду
achter

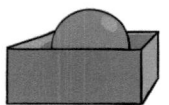

в
in

перед
vör

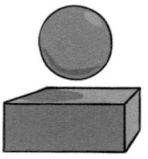

над
över

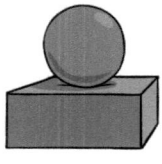

на
op

під
ünner

біля
blangen

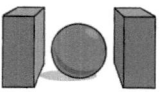

між
twüschen

місце
Oort